NOTICE HISTORIQUE

SUR

ANDRÉ LAUGIER.

NOTICE HISTORIQUE

SUR

ANDRÉ LAUGIER,

ancien directeur de l'École de pharmacie, professeur au
Muséum d'histoire naturelle.

Lue en séance publique, le 5 décembre 1832,

Par M. ROBIQUET,
SECRÉTAIRE GÉNÉRAL DE LA SOCIÉTÉ DE PHARMACIE.

Nous venons, comme après le combat, resserrer nos rangs, énumérer nos pertes et honorer les services rendus. A peine le fléau qui ravage encore une partie de notre belle France, avait-il exhalé son premier venin, que déjà un de nos collègues gisait au nombre des victimes. Chacune de nos réunions vint ensuite nous révéler une nouvelle perte, et ce n'est qu'après avoir été cruellement décimés que nous nous retrouvons dans cette enceinte, où nous n'apercevons plus que l'image de nos dignitaires. Groslambert, Laugier, Sérullas, Henry, et vous, jeune Plisson, vous n'êtes plus! Pourquoi faut-il que trois de mes amis figurent sur cette liste fatale! pourquoi faut-il que mon devoir m'oblige à vous en rappeler le souvenir! mais non, une pareille tâche est au-dessus de mes forces, et j'ai déjà beaucoup trop présumé de moi-même en entreprenant de vous tracer l'histoire de celui que j'affectionnais le plus. O chers collègues! puissiez-vous lire dans mon cœur, et y voir combien il m'en coûte pour vous dire, je l'ai perdu! Excusez ma douleur, elle est sincère; mais pour la bien apprécier, il faut connaître la perte que j'ai faite; écoutez!

Notre vieille intimité datait de près de quarante années, nous nous étions connus chez Fourcroy, j'avais alors seize ans. Les événemens nous séparèrent, et, six ans plus tard, ramenés par les mêmes goûts, nous nous retrouvâmes dans le laboratoire de Vauquelin. C'est sous l'égide de ces deux maîtres que je fis mon entrée dans cette école où j'ai l'honneur de siéger encore. Laugier, essentiellement bon, aimait avec la candeur d'un enfant, je dirai presque avec la jalousie d'un amant. Qu'il me soit permis de vous en citer un seul exemple! J'entrais un jour dans cette salle, et, sans doute préoccupé par quelque idée, mes premiers regards ne se portèrent pas sur Laugier. Eh bien! le croiriez-vous, Messieurs? il s'en inquiéta, et à tel point qu'il n'était plus du tout à ce qui se passait dans la séance, et qu'à peine terminée il m'aborde et me dit d'un air navré : « Vous ne m'aimez plus; je le vois bien. — Qui? moi! Et d'où peut vous venir une idée si étrange? — Inutile de feindre, mon cher; rien de plus facile à voir; en arrivant ici, vous n'avez seulement pas jeté les yeux de mon côté. » J'eus beaucoup de peine à le détromper, tant il craignait d'avoir deviné juste. Jugez d'après ce seul trait quel excellent camarade j'avais en un pareil ami, et combien je lui dois de regrets. La confiance entre nous était entière, et le secret inconnu ; mais n'allez pas en conclure que la volonté de l'un fût toujours subordonnée à celle de l'autre. Oh! non ; il n'en fut rien, et, sous ce rapport nous demeurions parfaitement indépendans. Dans maintes occasions nous fûmes d'avis différens ; mais sans que jamais cette divergence eût d'autre résultat que de nous prouver qu'on respecte toujours une opinion consciencieuse.

Je n'abuserai pas de votre indulgence en prolongeant le récit de mes relations avec ce digne ami ; j'arrive à notre collègue.

André Laugier naquit à Paris le 1er. août 1770. Son père était trésorier de l'hospice des Quinze-Vingts, et il gérait sa place d'une manière tout-à-fait irréprochable ; mais il avait pour chef un de ces hommes que la probité offusque et qui n'aiment à rencontrer que des consciences faciles et d'un libre accès. Le trop fameux cardinal de Rohan était grand-maître de cet établissement ; il voulut prélever une certaine somme sur la caisse de l'administration, et il engagea le père de Laugier à surcharger ses comptes. Cette proposition ne pouvait manquer de blesser un homme d'une probité austère, aussi fut-elle repoussée avec toute l'indignation qu'elle méritait ; mais la vengeance ne se fit point attendre, et une lettre de cachet fut bientôt lancée. La victime de cet acte aussi arbitraire qu'immérité voulut obtenir justice ; mais il y perdit et tous ses soins et une partie de sa fortune. L'honnête trésorier fut irrévocablement chassé, et le cardinal prévaricateur conserva sa direction Ainsi le voulaient les mœurs du temps et la loi du bon plaisir. Cette déchéance, tout honorable qu'elle était pour la famille de Laugier, ne lui en fut pas moins préjudiciable ; il fallut se restreindre, et l'éducation du jeune André s'en ressentit un peu ; il put cependant faire ses études à Picpus, chez M. Lottin, et ensuite au collége Lisieux, à Paris. Là il eut pour condisciples trois hommes honorables avec lesquels il conserva toujours des relations affectueuses : Bignon, Méchin et notre bien estimable collègue Derosnes.

Laugier obtint quelques succès dans ses études, non pas qu'il fût encouragé par ses maîtres, car je lui ai quelquefois entendu raconter une de ses aventures de collége, capable bien plutôt d'éteindre que d'exciter son émulation. Sa classe comptait près de cent élèves ; il était le plus jeune de tous, et rarement dans les compositions il dépassait le quarantième. Son professeur ne s'étonnait nullement de ne pas le voir figurer en meilleur rang, l'âge lui en indiquait le vrai motif. Cependant, après quelques efforts, Laugier se fit jour et obtint une des premières places. Heureux de ce petit triomphe, il en attendait la récompense, lorsqu'on le manda chez le frère correcteur, et là le succès du fils fut traité avec tout autant de justice que la probité du père. Encore était-il que le professeur prétendait légitimer cet acte de brutale sévérité par un raisonnement spécieux, car il disait : « Je ne sévissais pas contre lui, parce que je ne le croyais pas capable de mieux faire; mais puisqu'il vient d'obtenir une bonne place, il est évident que c'était sa faute, et que par conséquent il doit être puni pour le passé. » Ainsi, dans un cas, il y avait abus de pouvoir; dans l'autre abus de jugement, et dans tous les deux injustice révoltante.

Les études de Laugier furent entièrement terminées en 1788. La chimie préludait alors au brillant essor qu'elle a acquis de nos jours, et l'illustre Fourcroy en était un des plus fervens apôtres; c'est à cette école célèbre que notre collègue vint puiser, avec tant d'autres, les premières notions de cette belle science. L'éloquent professeur avait l'art de la montrer sous des dehors si séduisans, si pleins d'avenir, que chaque élève devenait un zélé néophite. Laugier se livra donc avec ardeur à ce nouveau travail, et les années, pour lui, s'écoulaient inaperçues. Cependant les événemens politiques l'arrachèrent à son étude favorite. La France venait d'être envahie; l'ennemi se dirigeait sur la capitale, et déjà la Champagne était ravagée. Il n'y avait point à balancer, Laugier se fit soldat et rejoignit l'armée. Il avait alors 22 ans. A cet âge on est rarement prévoyant; aussi s'était-il mis en route sans réfléchir à la durée probable d'une campagne; un pesant havresac ne surchargeait pas ses épaules, et tout son mince bagage fut bientôt mis hors de service. Les pluies étaient abondantes, les marches forcées, et cependant il ne lui restait rien pour se garantir des intempéries. Son début ne fut pas heureux.

Laugier, en marchant à l'ennemi, n'y fut point entraîné par vocation pour la profession des armes, mais uniquement par un généreux élan patriotique; on apprendra donc sans surprise qu'après six mois de campagne, et alors que les Prussiens avaient repassé la frontière, il quitta ce qu'on appelait le camp de la Lune sans avoir brûlé une seule amorce, et n'emportant pour tout trophée que des douleurs rhumatismales qui, pendant tout le reste de son existence, devinrent pour lui d'importuns souvenirs de son premier fait d'armes. De retour à Paris, il fut chargé par le gouvernement républicain de faire descendre les cloches dans une partie des départemens de l'Ouest. Cette mission n'était pas sans danger, et je ne pense pas qu'elle ait obtenu grand succès, car la Vendée et la Bretagne, en proie à toutes les horreurs de la guerre civile, étaient alors en pleine insurrection. Les prisons y étaient encombrées, la famine à son comble, les échafauds en permanence : Laugier ne pouvait faire un long séjour dans ce triste empire de la discorde. Il revint à Paris en 1794; et, le 5 octobre de la même année, il épousa mademoiselle Chéradame, et peu de temps après il fut nommé, à la recommandation de Fourcroy, chef de bureau des poudres et salpêtres au comité de salut public; mais il ne demeura que fort peu de temps en possession de cet emploi. Toutefois la réduction des rentes au tiers venait de faire éprouver un nouvel échec à la fortune de son père, et Laugier, sentant l'impérieuse nécessité de se créer un état indépendant pour sortir de cette position précaire, se livra à l'exercice de la pharmacie. Il fit ses premières années de stage chez son beau-père,

M. Chéradame. L'étude préalable qu'il avait faite de la chimie lui fut d'un grand secours, et deux années lui suffirent pour se mettre en état de se faire recevoir. Toutefois, la veille de subir son premier examen, il alla trouver Vauquelin, et le pria de l'interroger, mais il répondit si mal que son ami lui affirma qu'il ne serait point reçu. Cependant le jour était pris ; il n'y avait point à reculer. Laugier se présente donc, et même avec quelque confiance. Le premier interrogateur lui adresse une question de botanique, Laugier en fit le texte d'une excellente leçon ; il parla pendant une heure entière à la satisfaction d'un nombreux auditoire. D'où pouvait donc dépendre cette prodigieuse différence d'un jour à l'autre ? de la timidité seule. Laugier, averti par sa mésaventure de la veille, s'était tenu sur ses gardes, et pour se donner du courage il avait eu recours au café alcoolisé. La recette est bonne ; mais il n'en faut pas trop user ; car il en est plus d'un qui, pour avoir dépassé le terme, atteignit un autre écueil tout aussi préjudiciable. C'est de l'assurance qu'il faut, et rien de plus.

Laugier gérait encore la pharmacie de son beau-père lors de l'expédition d'Egypte ; mais il ne put résister au désir de faire partie d'une armée qui réunissait tant de célébrités en tout genre. Il y obtint une place de pharmacien major, et partit pour Toulon où il tomba malade pendant le départ de l'armée. Il resta attaché à l'hôpital militaire d'instruction de cette ville. Il y fit des cours de chimie et de botanique. Peu de temps après il fut choisi, par le jury d'instruction du Var, pour occuper la chaire de chimie de l'école centrale de ce département, et il y acquit de la réputation comme professeur.

En 1799 le conseil de santé des armées le nomma à une chaire de chimie devenue vacante à l'hôpital militaire d'instruction de Lille, et il y professait encore en 1802, lorsque Fourcroy, alors directeur de l'instruction publique, faisait une tournée dans les départemens du nord. Il ramena son cousin à Paris, et le choisit pour son suppléant au muséum d'histoire naturelle. La tâche était difficile à remplir. Cependant Laugier, sans avoir la brillante élocution de son illustre parent, sut se faire honneur dans cette chaire où avaient successivement brillé tant d'éminentes célébrités. Ses leçons simples, méthodiques et précises, furent toujours appréciées des élèves. A la mort de Fourcroy, la chaire de chimie générale lui fut acquise comme un héritage justement mérité.

Peu de temps après cette nomination, Napoléon vint visiter le Muséum; les collègues de Laugier avaient l'intention de profiter de cette circonstance pour lui faire obtenir la décoration; il était le seul des professeurs qui ne l'eût pas. L'empereur, préoccupé alors de l'idée de se passer de colonies, songeait à donner de grands encouragemens à la fabrication de sucre de raisin, que Proust avait annoncé pouvoir remplacer celui de cannes. Napoléon se fait présenter le successeur de Fourcroy et lui demande son avis sur ce point. Laugier aborde franchement la question, et lui affirme sans détour que jamais cette substitution ne pourrait avoir lieu, parce qu'il n'y avait aucune similitude entre les qualités physiques de ces deux corps. Les hommes absolus aiment qu'on abonde dans leur sens; l'empereur se retira mécontent, et personne ne fut tenté de parler en faveur de Laugier.

Tant que Fourcroy fut directeur de l'instruction publique, Laugier resta attaché à cette direction en qualité de secrétaire intime; mais lorsque l'Université fut rétablie, il passa chef de bureau dans une des divisions du ministère de l'intérieur. Il était spécialement chargé des colléges impériaux, et c'était dans son bureau que se préparait le travail pour les bourses accordées par le gouvernement. Cette place l'a mis à même de rendre bien des services, d'obliger bien des gens et de faire bien des ingrats. Que de fois je l'ai entendu se plaindre amèrement du froid accueil qu'il recevait de certains personnages qui autrefois l'avaient sollicité de leur être favorable, et qu'il s'était fait un plaisir d'appuyer de tout son pouvoir. Mais il en est, vous le savez, pour qui la reconnaissance est un pesant fardeau, et qui ne conservent d'amis que ceux qui peuvent leur être utiles.

Sous le ministre Corbière, Laugier, entaché de libéralisme, fut révoqué de ses fonctions et mis à la retraite. Si quelque chose doit étonner, c'est qu'il ait pu conserver cette place jusqu'en 1822, car il ne fut jamais de ces subtils caméléons qu'on voit changer de couleur à chaque nouveau soleil.

Lorsqu'on institua l'École de pharmacie, notre collègue y fut attaché comme titulaire de la chaire d'histoire naturelle. Il y professa la minéralogie jusqu'en 1811, époque à laquelle il fut nommé vice-directeur, puis il succéda à cette illustration académique qui, pendant vingt ans, a fait l'honneur et l'ornement de notre école.

Vous le voyez, Messieurs, Laugier ne suivit pas une carrière bien prononcée, il se partagea toujours entre la science et les emplois, sa fortune était modique, sa famille nombreuse; et dans ce temps les chaires étaient moins multipliées, le cumul beaucoup plus rare. Il devenait difficile alors, en se limitant à l'instruction publique, de réunir des avantages suffisans, et Laugier fut obligé pour accroître ses ressources d'aliéner son temps et d'en consommer la majeure partie dans les administrations. Il ne put donc consacrer que quelques instans de loisirs à l'étude, et cependant ses travaux scientifiques sont encore assez nombreux et assez marquans pour lui mériter un beau titre de gloire, car Laugier sera toujours considéré comme un des meilleurs analystes de son siècle. Tous ses travaux ont été dirigés dans un même esprit de conscience et d'exactitude. On n'y remarque point de ces hypothèses hasardées, qui parfois nous éblouissent comme certains météores, pour nous replonger ensuite dans une obscurité profonde. Pour lui, la chimie n'était que la science des faits, et son héritage nous restera tout entier.

Chaque chimiste a pour ainsi dire sa branche de prédilection. Laugier dirigea principalement ses recherches sur la composition des fossiles inorganiques, et la science lui doit des analyses exactes du *distine de Saint-Gothard*, *de l'amphibole du cap de Gates*, *de l'épidote gris du Valais*, *des grammatites blanches et grises du mont Saint-Gothard*, *de l'actinote de Zillerthat*. Laug'er a démontré que cet amphibole était coloré par du chrôme, et que c'était le seul qui fût dans ce cas, les autres le sont par du fer. Il a aussi analysé *la zéotithe du Tyrol*, *la paranthine*, *le diopside*, *l'aplome*, *la prenhite*, *l'argile de Combal* qui doit sa belle couleur rouge à des oxides de plomb et de cuivre; *des pierres magnésiennes de Cette et d'Ollioules*; de *l'essonite de Ceylan*, véritable silicate de chaux et d'alumine; *des judianites blanche et rose du Coromandel*, où il a découvert de la soude qu'on n'y avait pas encore trouvée.

Parmi ces analyses, il en est un grand nombre qui ont été jugées d'une telle exactitude par Berzelius, qu'elles ont servi de type à cet illustre académicien pour établir son système de minéralogie. C'est le plus bel éloge qu'on en puisse faire.

Depuis qu'on a ajouté foi à l'existence des aérolithes, Laugier en a fait une étude spéciale et si scrupuleuse, qu'il s'en est en quelque sorte approprié l'examen exclusif, et que chaque naturaliste qui en possédait quelques variétés lui en adressait des fragmens pour en connaître la nature. Il fut un des premiers à faire remarquer l'analogie de composition de toutes ces pierres météoriques : il analysa d'abord la pierre tombée en l'an XII à Apt dans le département de Vaucluse, et quelques années plus tard il découvrit dans les aérolithes la présence du chrôme qu'on n'y avait encore aperçue, il démontra même que ce métal est un des principes essentiels et qui en forme comme le caractère le plus constant. La pierre de *Jonzac* lui fournit le premier exemple d'un aérolithe qui ne renferme point de nickel, quoique contenant du chrôme. D'après les traditions du pays, quelques naturalistes considéraient le fer de Sibérie comme d'origine météorique ; mais cette opinion était peu accréditée ; Laugier vint la confirmer en prouvant que ce minerai contenait et du fer et du soufre, que nul autre chimiste avant lui n'y avait reconnu. En nous apprenant quelle était la véritable composition des aérolithes de *Lipna* et de *Zaborzyca* en Pologne, Laugier nous a indiqué la meilleure méthode à suivre pour déterminer la nature et les proportions de tous les élémens que ces pierres peuvent contenir, et il nous a prouvé à la suite de son analyse de l'aérolithe tombée en 1824 à Ferrare, qu'en employant pour ces recherches les méthodes ordinaires, on perdait une quantité notable d'oxides de chrôme et de silicium, et il nous a fourni les moyens d'obvier à ce grave inconvénient. Enfin il a si soigneusement scruté sous tous les rapports cet important sujet, qu'il est peu probable qu'on en puisse désormais tirer de nouvelles observations.

Laugier a également examiné plusieurs combinaisons salines naturelles : ainsi nous avons de lui une analyse rigoureuse du chromate de fer des monts Ouraliens en Sibérie ; une autre de fer phosphaté cristallisé de l'île de France. Ce minéral était connu dès long-temps ; mais on en ignorait complétement la composition. Rose de Berlin avait affirmé que l'arseniate de plomb de Johann-Georgea-Staadt en Saxe ne contenait que de l'acide arsenique et du plomb, Laugier y a retrouvé une quantité notable de phosphate du même métal. En 1813 il publia un Mémoire fort étendu qui avait pour objet principal l'examen de deux variétés de cobalt arsenical, et dans lequel il relate une série d'expériences fort importantes sur la nature des sulfures d'arsenic et sur la composition de deux arseniates alcalins; plus tard il démontra que les minerais de cobalt de Tunaberg contenaient une quantité très-appréciable de nickel, que tous ses prédécesseurs n'y avaient point aperçue. Cette découverte fut due à l'emploi d'une nouvelle méthode pour séparer les plus petites quantités de nickel du cobalt. Enfin, il nous a encore démontré que dans le cobalt arseniaté d'Allemont; le fer, le nickel et le cobalt y sont tous les trois combinés à l'acide arsenique, et dans des proportions définies.

La mine d'urane d'Autun fut long-temps considérée, soit comme un oxide pur, soit comme un oxide mélangé à de la chaux. Laugier en France, et Philips en Angleterre, prouvèrent à la même époque que ce minerai était un vrai phosphate d'urane.

Nous sommes en outre redevables à notre collègue de deux procédés nouveaux, l'un pour extraire l'osmium du platine brut, l'autre pour purifier et réduire les oxides de titane et de cérium. C'est encore lui qui nous a annoncé le premier que le titane réduit avait une couleur rouge. Plus tard, il confirma cette observation en examinant des cristaux trouvés dans le creuset d'un haut-fourneau où l'on traitait une mine de fer limoneuse.

Laugier s'est aussi occupé de recherches sur les matières organiques, et particulièrement sur les concrétions calculeuses. Il a été le premier à faire remarquer la différence qui existe entre les calculs vésicaux des herbivores qui sont toujours composés de carbonate de chaux, et ceux des animaux carnivores qui contiennent différens phosphates. Il a indiqué la singulière nature d'un calcul urinaire, qui probablement était entré dans une sorte de décomposition spontanée, car il était excessivement friable, il contenait beaucoup de matière animale, et, chose plus remarquable, c'est qu'il renfermait du phosphate d'ammoniaque, sel très-soluble, et que de l'eau pouvait lui enlever. Ce sel résultait probablement de la décomposition de ce calcul depuis son extraction.

Dans un autre mémoire sur les concrétions du corps humain, lu en 1825 à une séance publique de l'Académie de Médecine, Laugier prouva que l'eau de chaux était un bon dissolvant de la plupart des calculs urinaires, en ce sens du moins, qu'elle en détruit l'aggrégation en attaquant le mucus animal qui leur sert comme de ciment; et dans ce même mémoire on trouve deux observations bien curieuses, l'une relative à une concrétion intestinale qui formait une espèce d'égagropile végétale, et dans l'autre il s'agissait de la première observation d'un calcul mural, composé comme on sait d'oxalate de chaux, chez un individu qui se nourrissait habituellement de mets accommodés avec de l'oseille. A une autre époque il a examiné un calcul salivaire d'un animal herbivore, et il l'a trouvé composé de phosphate et de carbonate de chaux, tandis que les calculs vésicaux de ces mêmes animaux sont uniquement composés de carbonate calcaire. La dernière concrétion qu'il ait examinée était arthritique, et il a fait voir à cette occasion que l'eau de chaux augmentait singulièrement la solubilité de l'acide urique dans l'eau.

Parmi les substances organiques végétales, Laugier a fait connaître, d'une part, la réaction qui s'opère dans le suc de carottes abandonné à une fermentation spontanée, et il a prouvé que le sucre contenu dans ces racines se transformait par cette réaction en acide acétique et en mannite, et que par conséquent celle-ci ne préexiste pas dans ce végétal. De l'autre, il a étudié les propriétés comparatives des acides muciques résultant de la réaction de l'acide nitrique sur les gommes et sur le sucre de lait, et il a trouvé que le premier contenait du mucate et de l'oxalate de chaux, tandis que l'autre était pur; mais un fait remarquable, et auquel on ne paraît pas avoir porté assez d'attention, c'est que l'acide mucique chauffé jusqu'à la fusion devient plus acide, acquiert de la solubilité dans l'alcool, et paraît changer de nature.

Le peu de temps qu'il m'a été permis de consacrer à cette rapide esquisse m'a empêché de pouvoir vous présenter une analyse de chaque mémoire, et je me suis réduit à une simple énumération qui malgré son aridité suffira pour vous rappeler les principaux travaux de notre honorable collègue, et pour vous prouver qu'il avait bien mérité de la science et acquis de justes droits au fauteuil académique.

J'ai cherché à vous retracer tour à tour dans Laugier, l'ami, le fonctionnaire et le savant; partout vous avez retrouvé un homme simple et sans ambition, toujours vrai et toujours identique à lui-même. Si nous eussions voulu pénétrer jusque dans sa vie privée, Laugier nous y aurait encore fourni le modèle de toutes les vertus sociales. Il fut bon époux, excellent père, et ne connut jamais d'autre bonheur que celui de travailler au bien-être de sa famille, aussi était-il chéri de ses proches, adoré de ses enfans.

Laugier n'était ni riche, ni puissant, et son cercueil ne fut entouré que de ses vrais amis; mais quel deuil! quelle consternation! Laugier, nous ne t'oublierons jamais!

IMPRIMERIE ET FONDERIE DE FAIN, RUE RACINE, N°. 4,
PLACE DE L'ODÉON.